もくじ

母さんのうた

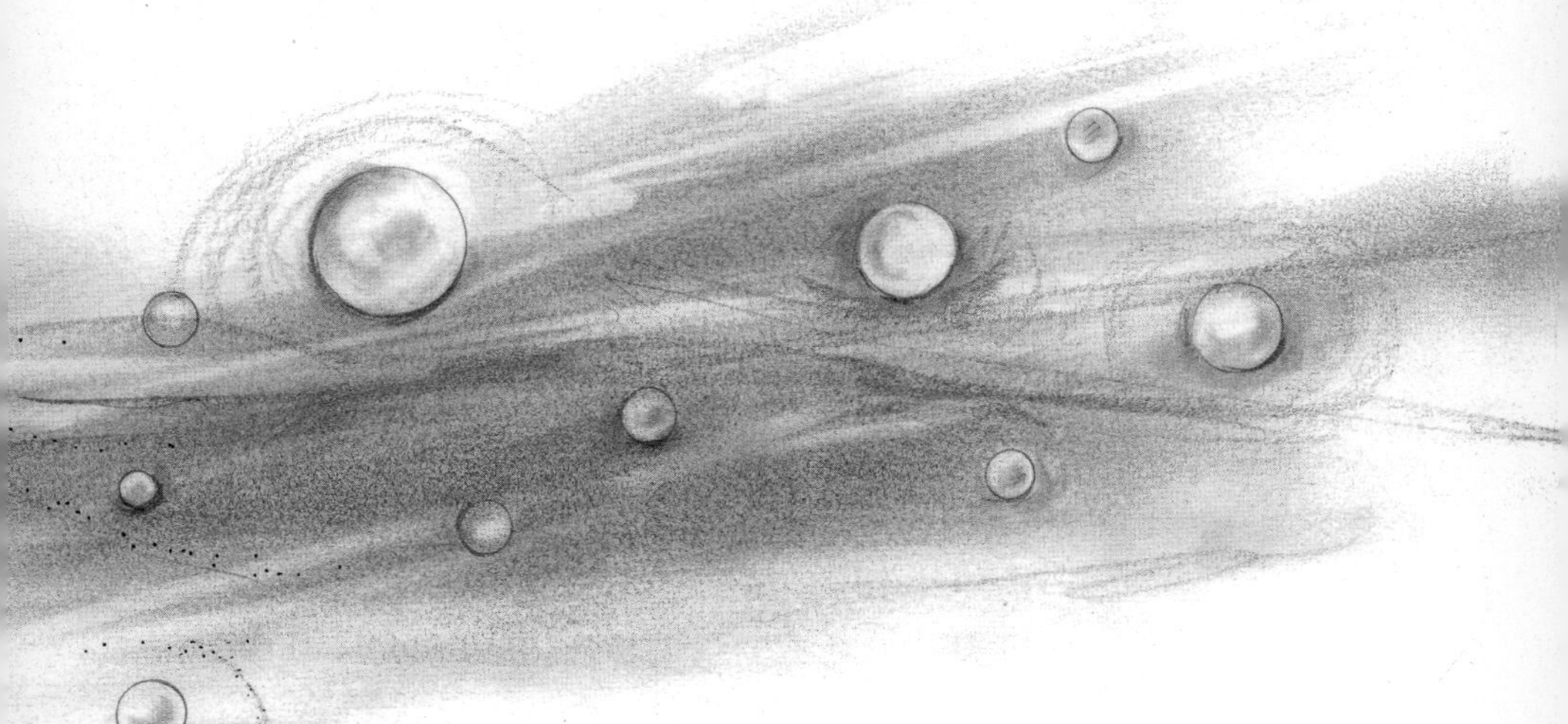

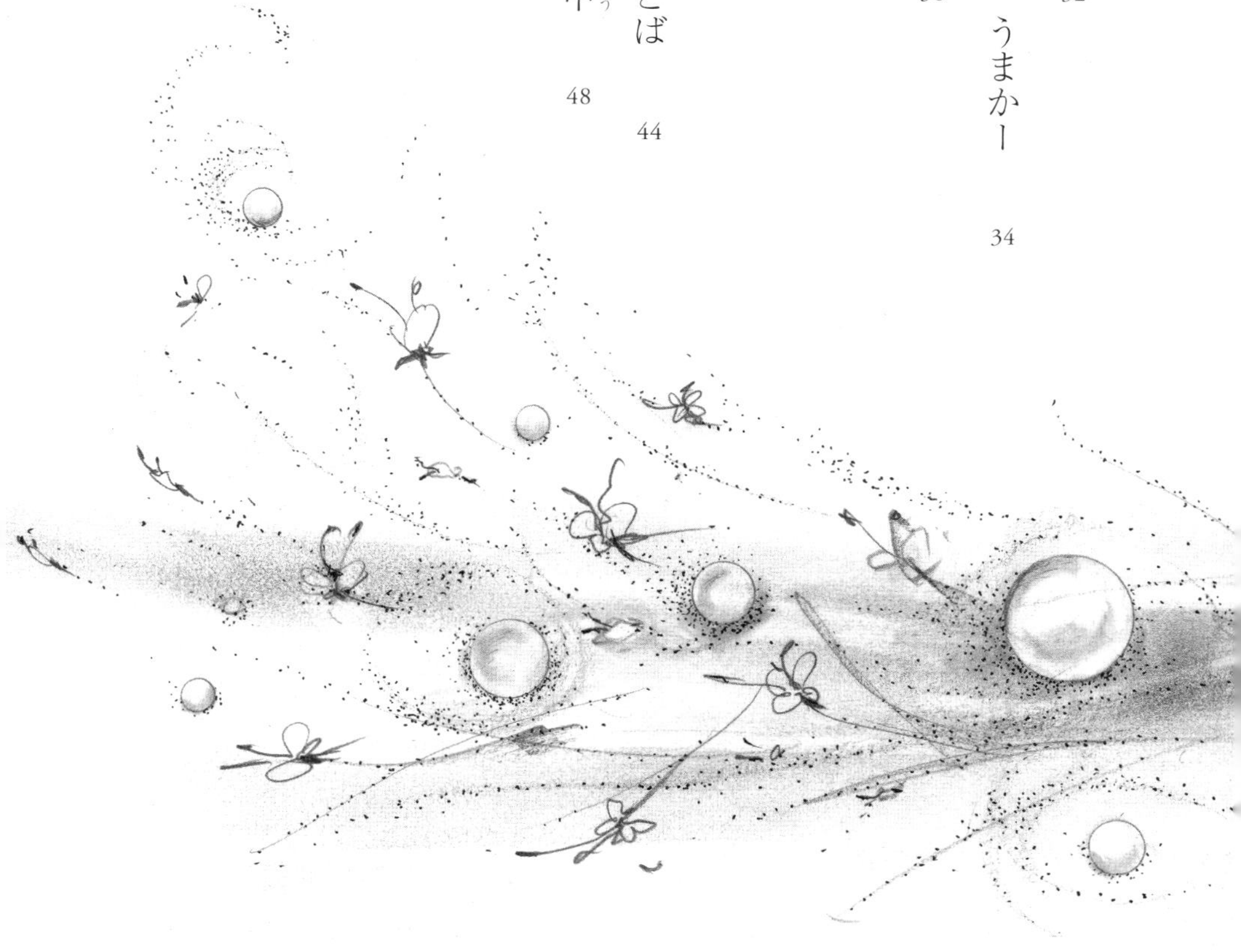

母さんの思い出

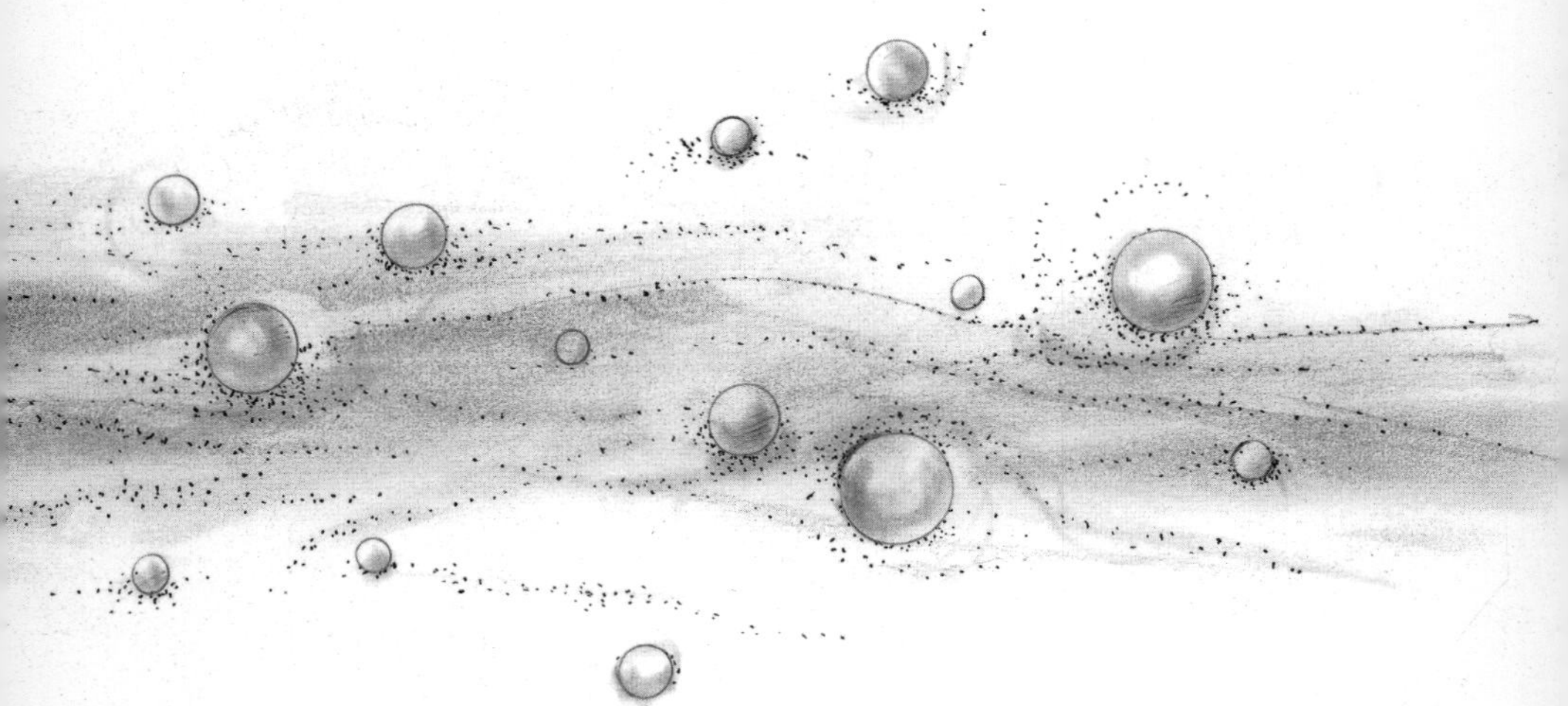

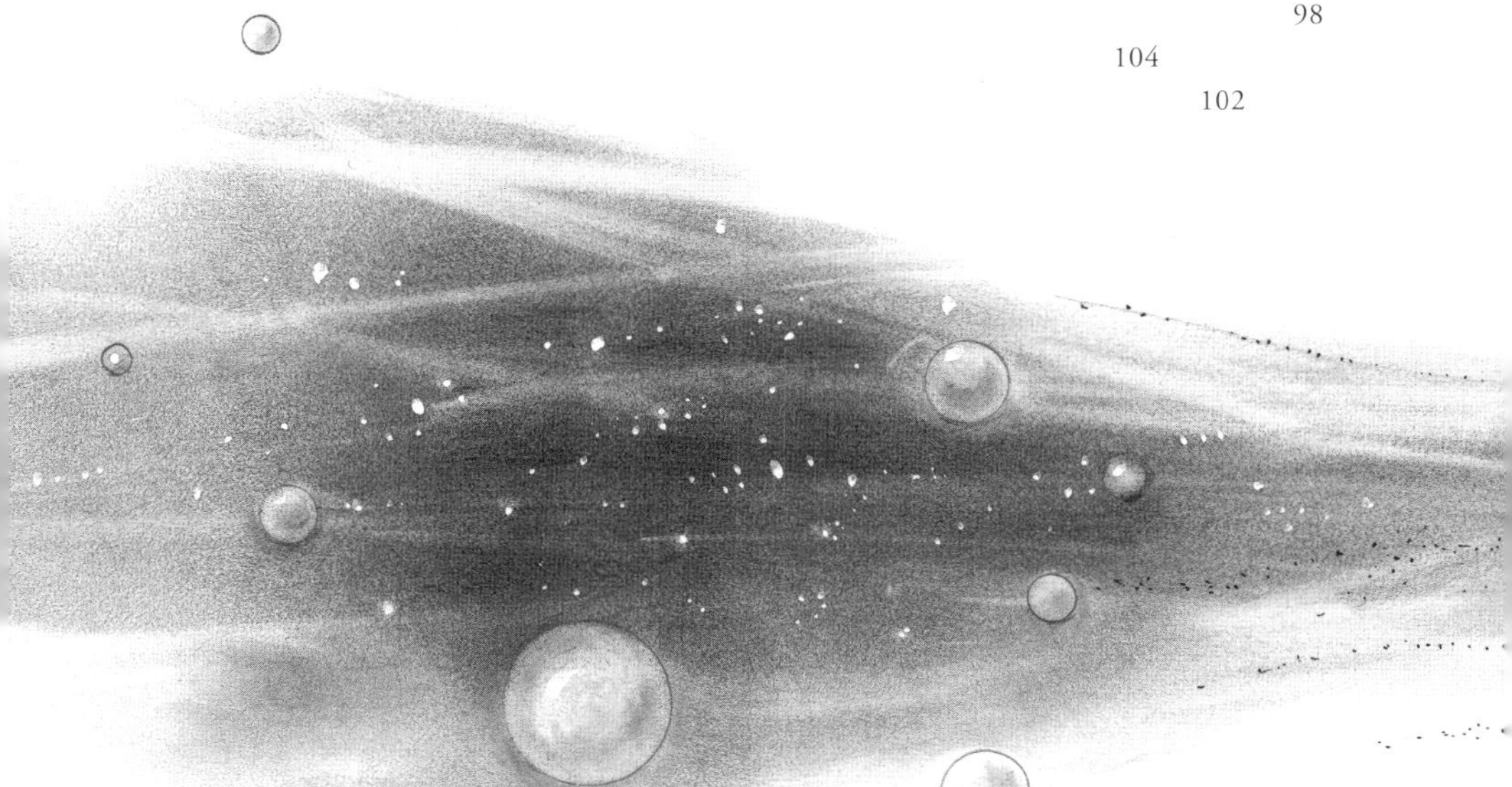

母さんのうた

空

どこまでが
わたしが見ている
空でしょうか？
どこからが
あなたが見つめている
空でしょうか？
見上げる空には
白い雲の花が咲《さ》き
見つめている空には
白い蓮《はす》の花が咲くのでしょうか？

「ああ　土のにおいがします」
「汗《あせ》のにおいもします」
「おいしそうなにおいです」
「母さん　今も　私《わたし》の大好きなモチトウモロコシを
作ってくださっているのですね」

頷《うなず》くように
からりと晴れわたる
空
微笑《ほほえ》むように
温かい光を降《ふ》り注《そそ》ぐ
空
空
空

母のシャボン玉

母のシャボン玉に終わりはない
消えても　消えても
無数《むすう》の玉を生《う》み出していく
母のシャボン玉

私《わたし》が誕生《たんじょう》した時から
どのくらいシャボン玉を飛《と》ばしただろう
どのくらいシャボン玉で競《きそ》い合っただろう
流されるとわかっていても

崩《くず》れるとわかっていても
壊《こわ》れるとわかっていても
願《ねが》いの色を飛ばすまで吹《ふ》き続《つづ》けた
母のシャボン玉

戦後《せんご》の焼《や》け野原の中を
私と妹《いもうと》を抱《かか》えて
すがる人とてなく
おのれの手と足をたよりに
叩《たた》かれても妥協《だきょう》せず
突《つ》きあたっても退《しりぞ》かず
転《ころ》んでは起きあがり
願《ねが》いの夢《ゆめ》が見《み》えるまで吹《ふ》き続けた
母のシャボン玉

吹いて
回して
競《きそ》って
飛《と》ばして
砕《くだ》ける
その　一瞬《いっしゅん》　一瞬に
息のつまるような喜《よろこ》びを吹きこみ続けた
母のシャボン玉

母のシャボン玉に終わりはない
消えていった無数《むすう》の喜びを
呼《よ》びもどすかのように
夢心地《ゆめごこち》で今も吹き続ける
母のシャボン玉

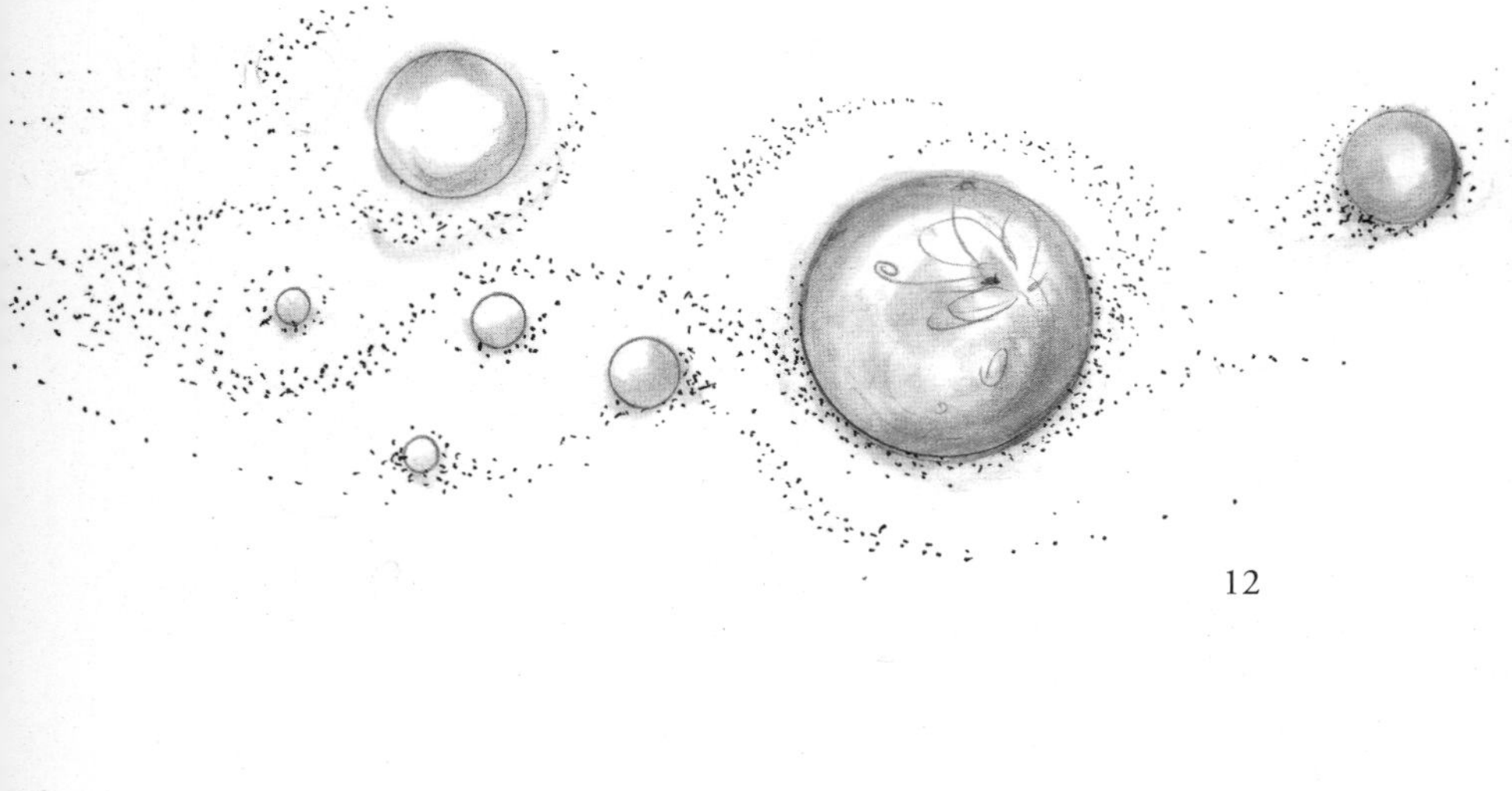

母の杖《つえ》

杖がほしい
母は　いう
杖ならほらここに
私《わたし》は　母の杖を差《さ》し出す

母は　首をふる
わたしがほしいのは
寂《さび》しさを忘《わす》れる杖
寂しさが消える杖
寂しさが微笑《ほほえ》む杖
だと　母はいう

鳥のように
風のように
光のように
つばさをひろげたら
ふわりと飛《と》んでいける杖
だと　母はいう

そんな杖があったら
私もほしいと
私は　母に両手を差しのべる
母は　私の両手を
くっと　おさえて
両手をひろげ　立ち上がる
わたしの杖よというようように

駈《か》ける朝

朝
母の肩《かた》をたたく
母の肩とわたしの手のひらが
ほほっと　触《ふ》れあう

母がふりむく
わたしを　見《み》つめる
わたしも　見つめる
目と目が
くくっと　笑《え》みあう
母が首をかしげる

母の耳もとわたしの口もとが
ぴぴっと　呼《よ》びあう
「畑《はたけ》にいく？」
「いくよ」
声と声が
ぐぐっと　かみあう

母が立ちあがる
「はよ　じゃがいもほらんとね」
「うん　はよ　ほらんとね」
腕《うで》と腕が
ぴたっと　くみあい　むつみあい
ひとつになって　駈ける
朝

記憶《きおく》の糸ぐるま

ぶちぶちと
しつけ糸が切れるように
あっけなく切れていく
母の記憶の糸ぐるま
いつ　どこから切れるのか
予告《よこく》もなく
電話もなく
ひっそりと切れていく

母の記憶の糸ぐるま
いかりもなく
あせりもなく
夢《ゆめ》みるように消えていく
母の記憶の糸ぐるま

顔球《がんきゅう》の眼球《がんきゅう》

母は
顔球をなげる
怒《おこ》った球《たま》
しかめた球
気合《きあ》いの球
励《はげ》ましの球
微笑《ほほえ》みの球
あまたの顔球が

直球になったり
変化《へんか》球になったり
ゴロになったりして
飛《と》んでくる

私《わたし》は
顔球を打《う》つ
避《さ》けたり
縮《ちぢ》んだり
よろけたり
振《ふ》りかぶったり
打ち下《お》ろしたり

やみくもに
うちまくる
でも
どうしても
打ち返《かえ》せない

私《わたし》は
母の顔球の眼《がん》球を見る
じっと見据《みす》える
くるくると動く顔球の奥《おく》に
動《どう》じない眼球がある
ひとすじに光っている眼球がある
これだ！
これを打《う》つのだ！

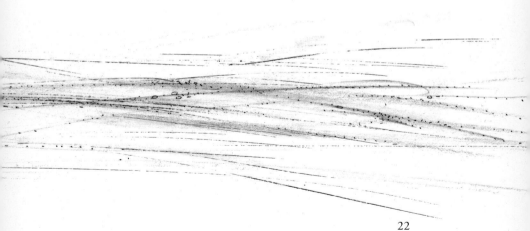

私はバットを降《お》ろす
あせりのバットを打ち砕《くだ》く
母の光る眼球が静《しず》かに動く
母の眼球と私の眼球が
ぴたりと重なる

雨上がりの
虹《にじ》の橋《はし》を滑走《かっそう》していく光のように……

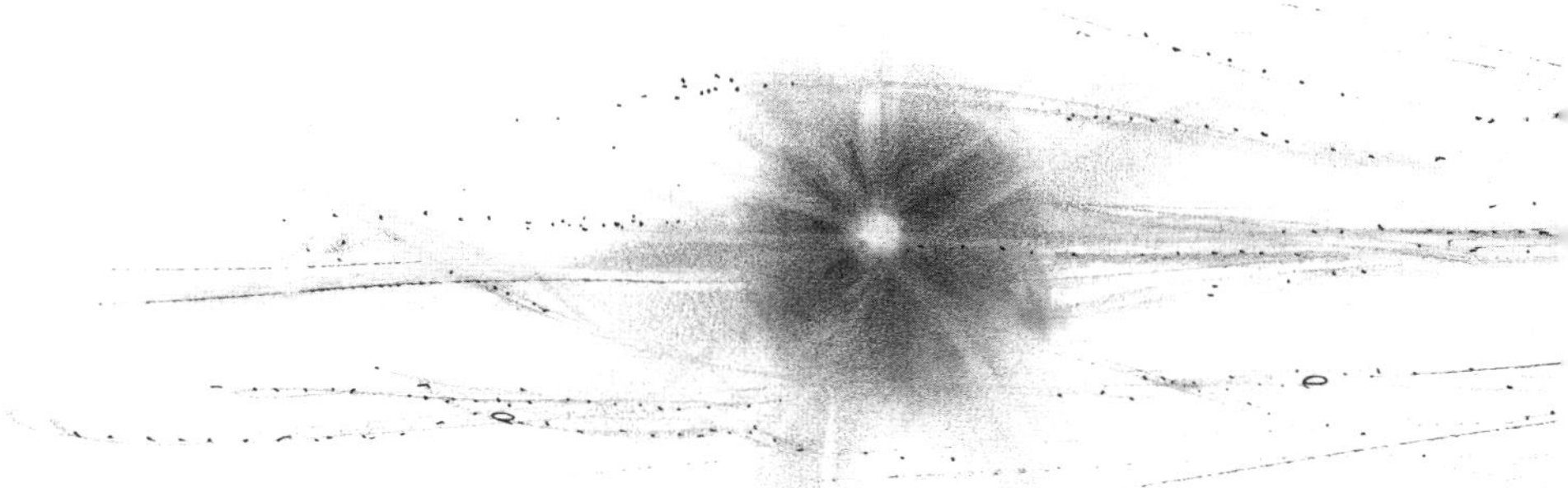

骨《ほね》のやつ

九十二年の年輪《ねんりん》を刻《きざ》んだ
皺《しわ》だけをまとった
母の骨

骨だけで湯舟《ゆぶね》に向かう
母

仙人《せんにん》のような表情《かお》を

ちょこらんと
のっけているだけなのに
骨のやつ
曲《まが》りおって

とんちんかんな話

年をとるとな
雲になっていくんや
綿《わた》あめみたいな　ほんわか雲にな
喜《よろこ》びも哀《かな》しみも怒《いか》りも楽しみも
ふにゃららとろけていくんや
でもな
切《せつ》ない思い出だけは

ときおり
打《う》ち上げ花火《はなび》になって
弾《はじ》けるんやで……
「とんちんかんな話」
って　笑《わら》うけどな
ほんとうは
そこだけ
いつも
真《ま》っ赤《か》に
燃《も》えてるんやで……

何かできることはないか

（何かできることはないか）
母は　仕事《しごと》をさがす

朝食のしたく
「母さんの好《す》きなかぼちゃの味噌汁《みそしる》よ
はい　どうぞ」
妹《いもうと》がいう

後かたづけ
「おばあちゃんの茶碗《ちゃわん》とお椀《わん》
ぼくたちが一緒《いっしょ》に持っていくからね」
孫《まご》たちがいう

洗《せん》たく
「今日《きょう》はわたしの当番《とうばん》です
汚《よご》れものはこれだけですか？」
わたしは母の洗濯物《せんたくもの》を抱《かか》えていく

みんな　みんな
「おばあちゃんは
ゆっくりしてて……
もう　何もしなくていいの」

優《やさ》しく優しくいう
「何もしなくて　おまんま食べては
お天道《てんとう》さんに　申《もう》しわけない
申しわけない」
と……
母は　あれこれ　仕事をさがす
（何かできることはないか）
と……

一さじのプリン

母は
顔じゅうのしわを
鼻《はな》すじにあつめ
目をほそめ
口もとを
まんまるくして
一さじのプリンを

飲みくだす
とろけるような
ほほえみと
いっしょに

こりゃ　ほんなこつ　うまかー

「こりゃ　ほんなこつ　うまかー」
母は　口もとに千のしわをよせて
もくもくと食べる
食べおわると
母の手は
ちょうだいをする
「こりゃ　ほんなこつ　うまかー」

大好《だいす》きだった食べものも
大嫌《きら》いだった食べものも
「こりゃ　ほんなこつ　うまかー」

「うまかー」「うまかー」の夕食に
ごちそうさまは　ない

冬の陽《ひ》のお手玉

母は縁側《えんがわ》に両足を伸《の》ばし
冬の陽を手のひらにのせて
お手玉をする
一《ひと》かけ二《に》かけて三《さん》かけて
四《よん》かけて五《ご》かけて六《ろく》をかけ……
冬の陽を両手にたぐり
光の玉をまわす
お手玉をおとすと
両足をさすってさがす

お手玉にあきると
冬の陽に背《せ》を向けて
うとうとと眠《ねむ》りだす
夢《ゆめ》の中でもお手玉しているのか
小首《こくび》がゆうらゆうらゆれている

「ごはんよ」
と　よぶと
とろりと目をあけ
にこっとわらって
うなずく

微睡《まどろみ》の重ね衣《ぎ》

心なら
一日に何十回《なんじっかい》も
脱《ぬ》いでいるというのに……
もうこれ以上《いじょう》
美しくなれないほどに
装《よそお》っているというのに……
九十三枚《まい》の重ね衣は
一枚だって
脱ぎ取れない

切《せつ》なく縮《ちぢ》んだ九十三単《ひとえ》
日《ひ》がな一日
お天道様《てんとうさま》だけが
じっくりと
ごらんになる
微睡の重ね衣

ふろしき証書《しょうしょ》

母は
折《お》り紙《がみ》をおるように
古びたふろしきを
折りたたむ

辺《へん》と辺を
きっちり合わせて　二《ふた》つ折《おり》
押《お》しをきかせて　四《よ》つ折
裏《うら》に返《かえ》して　八《や》つ折

時々《ときどき》

うなずいたり
つぶやいたり
わらったり
かしげたり
最後《さいご》に
美しく熨《の》したふろしきを
卒業《そつぎょう》証書のように
うやうやしく
わたしに手わたす

わたしの顔を
何度も
何度も
のぞきこみながら……

母の子守唄《こもりうた》

すっぱお
すうすう　ぱおぱお
すうぱおぱお
すすう　ぱお
しゃぼんだまが
くるくる　ふくらむように
小川のせせらぎが
ぷちぷち　はじけるように
やさしく　おだやかに

眠《ねむ》ったまま
母は子守唄を歌う
すっぱお
すうすう　ぱおぱお
すうぱおぱお
すすう　ぱお
吸《す》う息《いき》と吐《は》く息を
窓辺《まどべ》の風の
そよぎにのせて
母は
子守唄を
歌い続《つづ》ける

「知らん」ということば

いつの頃《ころ》からか
母のポケットには
ぽっかり穴《あな》があき
ぽろりぽろりと
零《こぼ》れ落ちていった
ことばたち

　苦しいことばは
　どこに落ち
　どんな種《たね》になったやら

哀《かな》しいことばは
どこへ飛《と》び
どんな鳥になったやら

寂《さび》しいことばは
どこに転《ころ》がり
どんな石ころになったやら

嬉《うれ》しいことばは
どこを舞《ま》い
どんな花になったやら

母のポケットに残《のこ》った
たった一つのことば

それは
「知らん」
もしかして
「知らん」は
母のポケットに
最初《さいしょ》に入ったことばかも……

ただいま母はお留守中《るすちゅう》

わたしの顔を　じっと見ていても
わたしの言葉《ことば》を　じっと聞いていても
ただいま　母はお留守中

母は毎日旅《まいにちたび》にでる
風の列車《れっしゃ》を乗《の》り継《つ》いで……
今日《きょう》の始発《しはつ》は　春風号《はるかぜごう》

幼《おさな》い私《わたし》と手をつなぎ
土手《どて》を転《ころ》げて春をつむ
つくし　れんげ　菜《な》の花と
花かごいっぱい春をつむ
「楽しかったよ」
母はわたしの手を離《はな》し
次の列車に乗り換《か》える

戦後《せんご》のどさくさ嵐《あらし》吹《ふ》きあれて
食べもの　着るもの　なにもない
頼《たよ》れるものも　すべてない
ないないづくしの　その渦《うず》を
飲み込《こ》み散《ち》らしてくれた風
「がんばったよ」

母は右手で左手をにぎりしめ
次の列車に乗り換える

何とか暮《く》らせる世《よ》になると
新しい家族の世話《せわ》に
気くばり　目くばり　心くばり
泣《な》いたり　笑《わら》ったり　怒《おこ》ったり
支《ささ》えて走《はし》った祖母《ばば》の風
「いそがしかったよ」
母は両手をもんで
次の列車《れっしゃ》に乗《の》り換《か》える
わたしは
母のひと言《こと》ひと言に
何度も

あいづちうちながら
じっと
母の帰宅《きたく》をまっている

命《いのち》の温《ぬく》もり

根っこだけを
ずっくと
大地に横たえ
ひたすら
静《しず》まっていく
古木《こぼく》のような母の温もりよ

すべての絆《きずな》を断《た》ち切《き》り
喜怒哀楽《きどあいらく》から脱皮《だっぴ》し

命だけになって
火《ほ》めく
古木のような母の温もりよ

もう目と目を見つめて
微笑《ほほえ》み合うことも
手《て》と手を取り合って
抱《だ》き合うことも
できないのに
豊《ゆた》かに芳《かぐわ》しくかおる
古木のような母の命の温もりよ

蛍火《ほたるび》

蛍火
それは
闇夜《やみよ》に浮《う》き沈《しず》みする漁火《いさりび》のような
樹氷《じゅひょう》の先に宿《やど》る一条《ひとすじ》の煌《きらめ》きのような
落日《らくじつ》の地平《ちへい》に揺《ゆ》らめく一片《ひとひら》の熱《ほめ》きのような
切《せつ》ない灯火《ともしび》
灯《とも》っては霞《かす》み　霞んでは灯る
まぼろしのような灯火

母の蛍火は
来る日も来る日も
ホームの白いベットに
倒木《とうぼく》のように横たわる
眠《ねむ》りの森の精《せい》に見守《みまも》られ
身じろぎもせずに横たわる
枯《か》れ細《ほそ》った手の甲《こう》の微《かす》かな蠢《うごめ》きだけが
蛍火のありかを示《しめ》す
私《わたし》は
枯れ枝《えだ》のような両手に灯った
母の蛍火をまさぐり
そっと握《にぎ》りしめる
母の蛍火は
こつんこつんとした骨《ほね》の節目《ふしめ》を乗《の》り越《こ》えて

とくんとくんと
私の手のひらに伝《つた》わってくる
無上《むじょう》の温《ぬく》もり
無限《むげん》の暖《あたた》かさ
生活《せいかつ》の衣《ころも》は
とうの昔《むかし》に脱《ぬ》ぎ捨《す》て
感情《かんじょう》の波は
日《ひ》ごと夜《よ》ごとに洗《あら》い落《お》とし
母と子の絆《きずな》も
ある日
突然《とつぜん》に断《た》ち切《き》り
裸《はだか》になってしまった蛍火《ほたるび》
この世《よ》で頂《いただ》いたものすべてを
この世に返却《へんきゃく》し

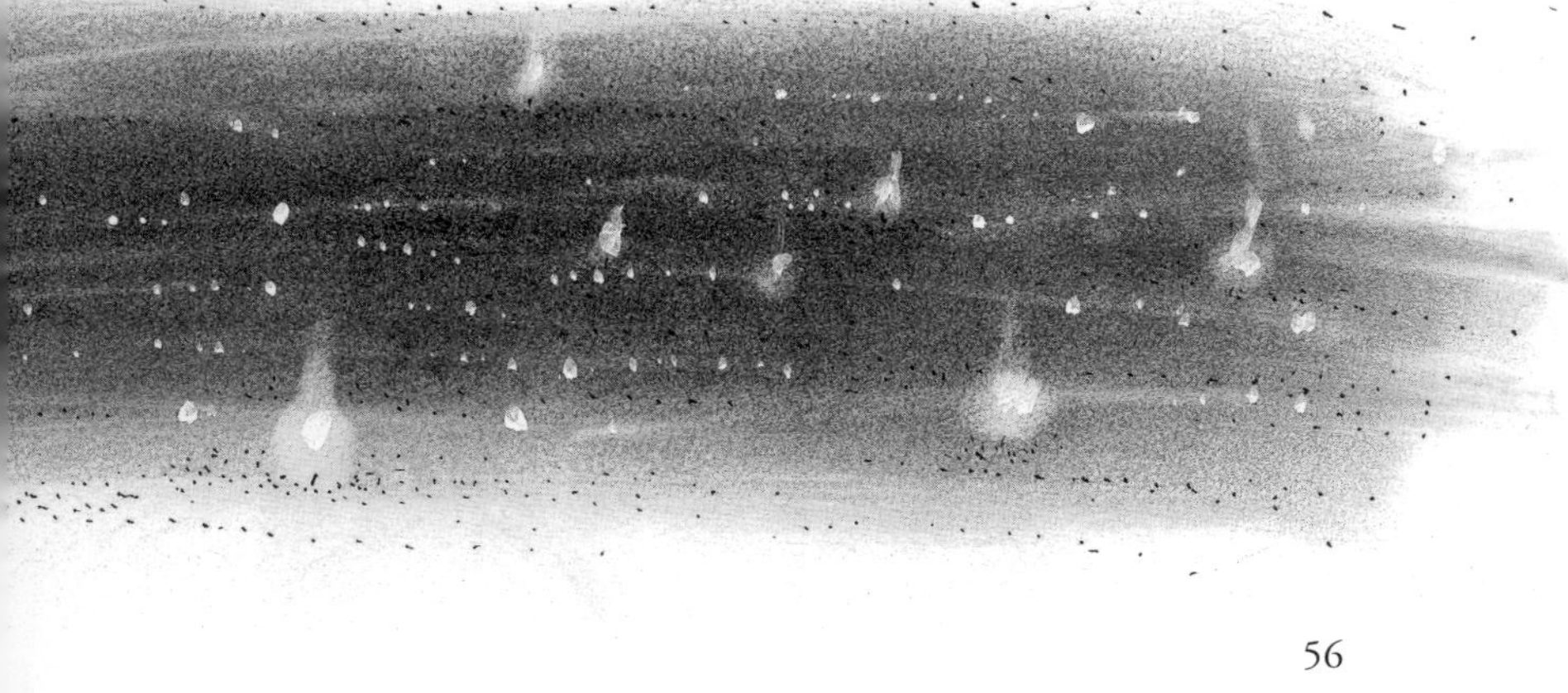

眠《ねむ》りの小船《こぶね》に乗《の》り込《こ》んだ蛍火
安《やす》らかな眠りのリズムにのって
蛍火よ！
おまえは　このまま
命《いのち》の古里《ふるさと》へ還《かえ》っていこうというのか
この世での母と子の契《ちぎ》りを
温《ぬく》もりの自画像《じがぞう》に刻《きざ》んで……

母の旅立《たびだ》ち

桜《さくら》が満開《まんかい》の日
母は旅立った
まるで桜前線《さくらぜんせん》のチケットを
予約《よやく》していたかのように

芳《かぐわ》しい夕もやが
母の枕辺《まくらべ》に
もかもかと　漂《ただよ》った
母は

ひととき小刻《こきざ》みの荒《あら》い息《いき》をして
最後《さいご》に大きく息を吐《は》きつくし
すべての動きを止めた
静《しず》かに
穏《おだ》やかに
安《やす》らかに
享年九十六歳《きょうねんきゅうじゅうろくさい》

母は黄昏時《たそがれどき》の光にのって
桜前線に乗《の》り込《こ》んだのだろう
母のまわりには
あの顔　この顔
あの手　この手が
母をとりまき

花吹雪《はなふぶき》になって
舞《ま》い上がって行っただろう
満開《まんかい》の桜《さくら》は
舞《ま》い散《ち》ることを忘《わす》れて
音もなく
声もなく
母の旅立《たびだ》ちを
静《しず》かに見送っていた

母さんの思い出

ありがとうのなみかざり

あの日の　母のえがお
あの時の　母のことば
今になって　よみがえる
ありがとうの　おおなみ　こなみ

ぽわーんと　ふくらみ
くるーんと　まるまり
どどどっと　うち寄《よ》せてくる
ありがとうの　おおなみ　こなみ

ぐーいぐいと　引き寄《よ》せ
つーいついと　つなぎとめ
ひっしに　むすびつづけた
ありがとうの　なみかざり

流《なが》れ星《ぼし》の通る夜
亡《な》き母に
ささげよう
真珠《しんじゅ》の玉のような
ありがとうの　なみかざり

青い空

春風が吹《ふ》いている
小鳥が鳴《な》いている
青い空が光《ひか》っている
白い雲が流れていく
木洩《こも》れ陽《び》がまぶしい

母さんと　見上げた
青い空
ぽっかぽっかの

青い空
うっきうっきの
青い空
わっくわっくの
青い空

若葉《わかば》の風にのり
口笛《くちぶえ》を吹《ふ》いた
青いステージをバックに
小鳥のように歌った
白い雲の波
木洩れ陽の櫂《かい》
母さんといっしょにこぎつづけた
青い海原《うなばら》

春風が吹いている
小鳥が鳴いている
青い空が光《ひか》っている
白い雲が流れていく
木洩《こも》れ陽《び》がまぶしい

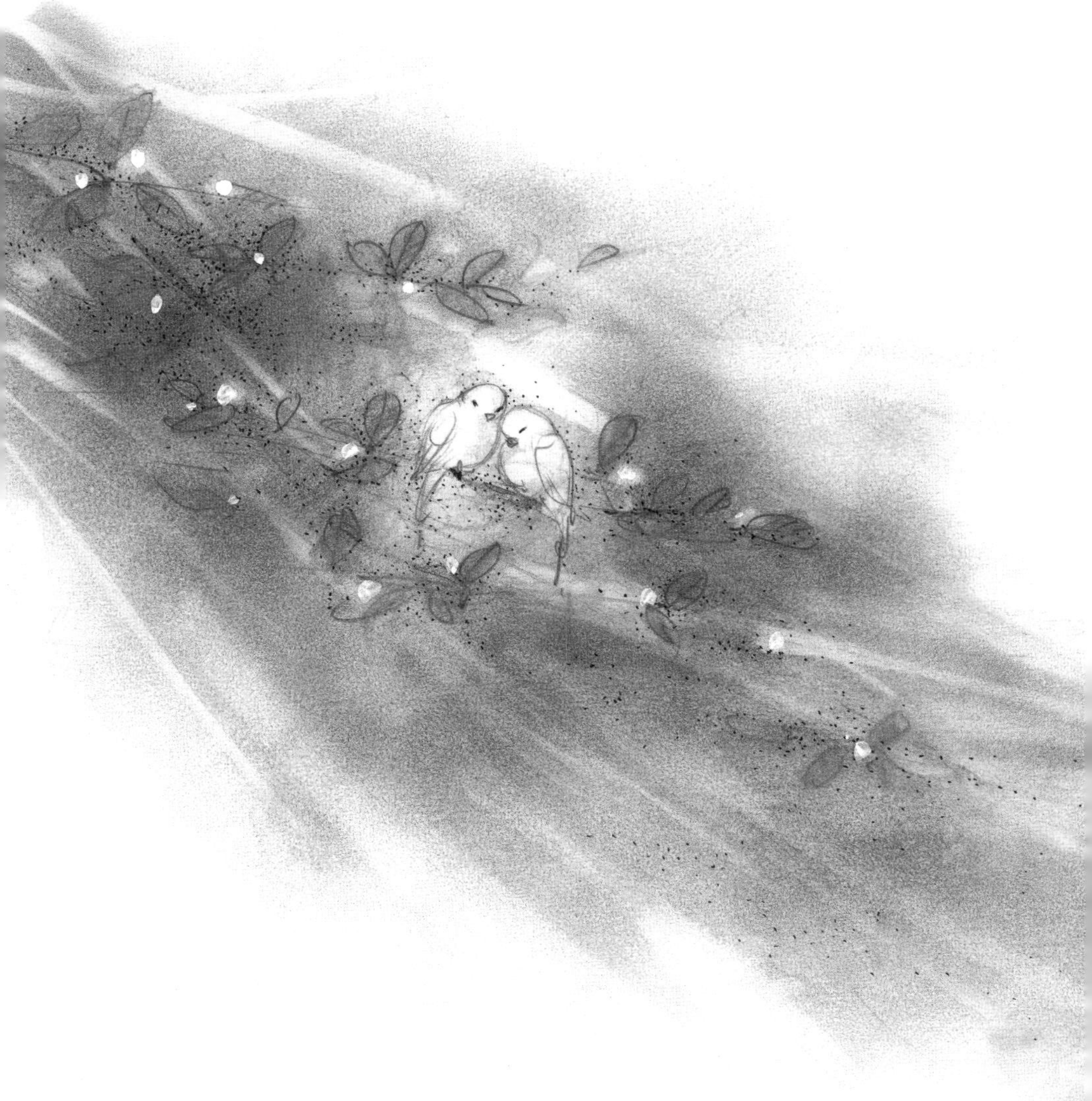

煤《すす》けて笑《わら》う草履《ぞうり》

母の遺《のこ》した突《つ》っかけ草履に
ふくら雀《すずめ》が
きっちちち
なつかしそうに
舞《ま》い降《お》りて
あせた母の突っかけ草履に
戯《たわむ》れ遊《あそ》ぶ
きっちち

きっちち
きっちちち

ふくら雀のまんまろ背中《せなか》に
母のまんまろ背中が重なって
突っかけ草履が歩きだす
きっちち
きっちち
きっちちち
今日《きょう》はお日和《ひより》
日向《ひなた》ぼこ
腰《こし》をのばして
日向ぼこ

振《ふ》り向いた
突っかけ草履が
煤けて笑う
きっちち
きっちち
きっちちち

母との思い出

母との思い出は　夜空《よぞら》をこがす
打《う》ち上げ花火《はなび》
ババン　バン
ババン　バン
幾重《いくえ》にも
重なっては消え
消えては重なる
切《せつ》ない吐息《といき》の波にのって

あぶくみたいに
湧《わ》きあがり
シャボン玉みたいに
あっけなく　消えていく
母との思い出

くるっと　まわすと
傘《かさ》のしずくのような
輪《わ》っかになって　めぐりめぐる
なつかしい顔　顔

時には　季節《きせつ》はずれの
たつまきのように
ごうごうと　吹《ふ》きすさぶ

怒《いか》り狂《くる》った　顔　顔
ある時は　満天《まんてん》の
星空《ほしぞら》のごとく
こうこうと　きらめいて
笑《わら》いのころがる　顔《かお》　顔

あぶり絵のごとく
浮《う》きあがり　心を揺《ゆ》さぶる
母との　かずかずの
思い出

青い波

ででむしは
うずまきの中に
悲《かな》しみを背負《せお》って歩いているという

桜《さくら》の花びらは
花びらいっぱいに
悲しみを閉《と》じ込《こ》めて舞《ま》っているという

ちぎれ雲《ぐも》は

悲しみで膨《ふく》らんだ体を
ちぎりながら浮《う》いているという

悲しみは
地をはい　宙《ちゅう》をまい　空にうく
膨らんだり縮《ちぢ》んだりして
血潮《ちしお》をはき　渦《うず》を巻《ま》く

渦巻きの底《そこ》から
噴《ふ》き上がる青い飛沫《しぶき》
小さな青いかけら
かけらは
小さい足を踏《ふ》ん張《ば》り合い
小さい手と手を結《むす》び合い

連《つら》なり合い重なり合って
青い波を興《おこ》す

ほら
あそこに
生《う》まれたばかりの
青い波がうねっている
高く高くうねっている
白い波がしらを立て
うねり上がって駆《か》けてくる
次《つぎ》から次から駆けてくる
もう　だいじょうぶ
というように駆けてくる

母のごめんなさい

ぽわーんと　ふくらみ
くるーんと　まるまり
どどーんと　さかまき
大岩《おおいわ》をくずす大波《おおなみ》のように
しぶきを　あげて
うちよせる
母のことばの押《お》しでっぽう

あの日の

いかった母の顔
「母さんのお財布《さいふ》　わたしは　しらない」
何度いっても　聞《き》き入れなかった
母のことばの押しでっぽう
「ごめんなさい」
の一言《ひとこと》でいいと
おがむようにいう母のことばの押しでっぽう

くいくい　ねじまき
くるくる　まきもどし
何度も何度も　押し寄《よ》せる
母のことばの押しでっぽう
「でも　盗《ぬす》んだのは　わたしではない」
ただ　それしか言《い》えなかったわたしのくやし涙《なみだ》

一晩中泣《ひとばんじゅうな》き　一晩中拝《おが》まれた　涙の夜《よる》

涙に汚《よご》れた私《わたし》の顔《かお》をふこうとポケットのハンカチに
手を伸《の》ばした母の手にふれたのは自分《じぶん》の財布《さいふ》
「母さんの思い違《ちが》い　ごめんなさい　ごめんなさい」
しっかりだきしめ　ひたすら謝《あやま》る母のごめんなさい
とめどなくながれ落ちる涙　涙
あやまっては泣《な》き　わらっては泣き　偉《えら》かったとほめては泣き
泣きずくめだった
あの夜の母のごめんなさい

日記帳《にっきちょう》の首かざり

ことばのなみ
ことばのなみ
日記帳の浜辺《はまべ》に
寄《よ》せてくる
ことばのなみ

ぽわんと　ふくらみ
くりんと　まるまり
ずしりと　つらなる

ことばのなみ

そっと　あつめ
そっと　つなぎ
そっと　つむいだ
わたしのことばの　首かざり

母の命日《めいにち》に
そっと　手わたそう
母への　ほんとうのことばを……

母の笑顔《えがお》

夜空《よぞら》をこがす
花火《はなび》のように
開《ひら》いては　弾《はじ》け
弾けては　開き
幾重《いくえ》にも重なる
母の笑顔

あとから　あとから
あわみたいに

湧《わ》きあがり
シャボン玉みたいに
ぷちぷち　彩《いろど》る
母の笑顔

揺《ゆ》すると　零《こぼ》れる
傘《かさ》のしずくのように
連《つら》なりあって
とめどなく
輝《かがや》きをます
母の笑顔

時には　季《き》節《せつ》はずれの
たつまきのように

ごうごうと
吹《ふ》きすさび
怒《いか》り狂《くる》うことがあったけど
なぜだったか　どうしてだったか
いつまでたっても思い出せない
怒《いか》りのみなもと

思わず
瞼《まぶた》を閉《と》じると
満天《まんてん》の星空《ほしぞら》のように
ころころと
笑《わら》いころげる
母の笑顔《えがお》

わたしのシルエット

振《ふ》り向いたら
知らない街《まち》にいる
わたしのシルエット

茶褐色《ちゃかっしょく》の芝生《しばふ》
薄墨色《うすずみいろ》のベンチ
落葉《らくよう》した雑木林《ぞうきばやし》
閉《と》ざされたままの家家
人気《ひとけ》のない街並《まちな》みに

なぜかぼんやりとして
たたずんでいる
わたしのシルエット

犬《いぬ》っこも猫《ねこ》っこも影《かげ》さえない
小鳥《ことり》の羽音《はおと》も聞こえない
風さえ眠《ねむ》りほうけている
物影《ものかげ》のない
物音のない
止まった時計《とけい》の中にいるような
ほうけた街並みに
なぜかほっとして
立ちつくしている
わたしのシルエット

放《はな》たれた案山子《かかし》のような
足影《かげ》がなぜか愛《いと》しくて
母の胸《むな》もとに寄《よ》りかかっているような
懐《なつ》かしいふるさとに戻《もど》ってきたような
そんな温《ぬく》もりの衣《ころも》をまとい
沈《しず》む夕日《ゆうひ》に見とれている
わたしのシルエット

思い出

パパン　パンパン
プチプチ　ドーン
幾重《いくえ》にも　幾重にも
重なっては消え
消えては重なる
思い出

思い出は　私《わたし》を照《て》らす
打《う》ち上げ花火《はなび》

おだやかな風にのって
あわみたいに
浮《う》きあがり
シャボン玉みたいに
膨《ふく》らんでいく

露玉《つゆだま》のように
きらきらと　かがやく
あどけない子《こ》どもらの　顔

噴水《ふんすい》のように
しゅわーっと　ふきこぼれる
たわいない語《かた》らいの　声声

星座《せいざ》のまたたきのように
ころころと　わけもなく
笑《わら》い転《ころ》げたあの日　あの時

瞼《まぶた》をとじると
ことりのたわむれのように
私《わたし》の夜空《よぞら》をかけ巡《めぐ》る
懐《なつ》かしい
思い出

もう一度　ハグしよう

つきたての　おもちを
ほおばるように
いたずらっぽく
頬《ほお》をふくらませて
雲さん
もう一度　ハグしよう

ほほえみとほほえみが
ウインクしたときのように

かわいい
えくぼをつくって
花さん
もう一度　ハグしよう

甘酸《あまず》っぱい
りんごの花の口づけのように
そうっと口もとを
寄《よ》せあって
ありさん
もう一度　ハグしよう

美しい音色《ねいろ》を探《さが》す
きつつきの　詩《うた》のように

やさしく名前を
呼《よ》び合って
小鳥さん
もう一度　ハグしよう

ふき上げてくる
ふんすいのように
こみあげる　熱《あつ》い心を
抱《だ》き合って
母さん
もう一度　ハグしよう

今　今を重ねるだけでいい

家はあるだけでいい
人はいるだけでいい
小鳥は鳴《な》くだけでいい
花は咲《さ》くだけでいい
小石は転《ころ》がるだけでいい
過去《かこ》など思い出さなくていい
明日《あす》など夢《ゆめ》みなくていい
今あるところで
今できることを

今　せいいっぱい　やるだけでいい
急《せ》き立てる心なんかに
おびえずに
ぼんやり描《えが》いた未来《みらい》などに
惑《まど》わされずに
今
できることを
今
楽しんでやればいい
今　今を重ねるだけでいい

独《ひと》りの人生《じんせい》にするために

一つの花になるために
一片《いっぺん》一片の花びらが
ぴったりと唇《くちびる》を寄《よ》せ合っている

一枚《いちまい》の葉《は》になるために
一筋《ひとすじ》一筋の葉脈《ようみゃく》が
とくとくと血《ち》を通《かよ》い合わせている

一本《ぽん》の樹木《じゅもく》になるために

一枝《えだ》一枝の枝先《さき》が
まんまんと気《き》を吐《は》き合っている

一面《めん》の野原になるために
一草《くさ》一草の根毛《こんもう》が
粛粛《しゅくしゅく》と明日《あす》を見据《みす》え合っている

独りの人生にするために
人は
出会い　求《もと》め合い
満《み》たし合い　別《わか》れ合い
一条《じょう》の得道《とくどう》を啓《ひら》いていく

小さな石っころ

私《わたし》は　やっと　小さな石っころに
なることができました

踏《ふ》まれても　踏まれても
すこしの　痛《いた》さも
感《かん》じなくなりました

のっぺらぼうの
後《うし》ろ姿《すがた》ばかりの　かこいの中でも

きぜんとして
進《すす》むことが　できました

風車《ふうしゃ》のように
からから回《まわ》る
噂《うわさ》の渦《うず》も　するりと
通《とお》りぬけることが　できました

影法師《かげぼうし》のように
しつこく追《お》いかけてくる
気《き》ぜわしい時の流れにも　逆《さか》らうことなく
寄《よ》り添《そ》うことが　できるようになりました

小さい石っころの

小さい重《おも》みを
お茶《ちゃ》をいただくように
静《しず》かに味《あじ》わうことが　できるようになりました

わたしは　とうとう　どこにでも
ひょいひょいと　ころがって
私《わたし》でいることができる
小さな石っころに
なることができました

母のオルゴール

あの日の　母のえがお
あの時の　母のことば
今になって　歌いだす
母のことばの　オルゴール

ぽわーんと　ふくらみ
ふわーんと　まるまり
くいくいと　寄《よ》せくる
母のことばの　オルゴール

きりきり　ねじまき
くるくる　まきもどし
何度も何度も　聞きかえす
母のことばの　オルゴール

流《なが》れ星《ぼし》の光る夜《よる》
いっしょに　聞こう
母のことばの　オルゴール
ありがとうの
鈴《すず》をふりながら……

戸をあけると

戸をあけると
真《ま》っ青《さお》な空が
飛《と》び込《こ》んでくる
「おはよう」「おはよう」

見上げると
やさしい小鳥の声が
降《ふ》り注《そそ》いでくる
「おはよう」「おはよう」

瞼《まぶた》を閉《と》じると
懐《なつ》かしい母の顔が
ほほえんでくる
「おはよう」「おはよう」

戸をあけると
たくさんの
「おはよう」に
抱《だ》きしめられている
今日《きょう》も元気に
「行ってきます」

あとがき

九十二歳まで元気だった母。

九十三歳から私にどっかと寄りかかってきた母。娘だけががたよりよというように……。

私も病を得て思うような世話ができなくなった時、ふるさとホーム（柳川市）の園長先生から、ホームへのお誘いを受けた。有難いお話にすぐ入居させていただいた。

そこで、手厚いお世話をいただき、母はみるみるうちに、体力を回復していった。と同時に、頭の方が少しずつ壊《こわ》れていった。

その様子は「母さんのうた」二十編の中に折り込まれている。

母との別れのあとは、悲しみと思い出だけが、ふつふつと私の脳裏をかけめぐった。

その思いは、「母さんの思い出」として折につけ詩に表出していった。ゆえに、重なる思い出もあるが、あえて、その時のままにして修正をさしひかえた。

最後に、私が悟ったことは、今、今をせいいっぱい生きることこそ母への恩返しであり、ただひとすじの私の人生の道だということだった。

私の詩を私の思いどおりに、みごとに編集してくださったのは、この度、銀の鈴社の会長になられた阿見みどり氏だった。まるで、私の心の中を見透かされたかのようなみごとな編集に、私は、ただ、ただ、感動した。

その上に「母さんのシャボン玉」という詩集の題までつけていただき、感謝の念にたえない。

また、牧野鈴子さんという立派な画家さんのご紹介をいただき、心温まる優しいさし絵を描いていただいた。

今は、新しい銀の鈴社が益々発展することを祝して、詩集を出版させていただいたことを心から感謝している。

柳川の自宅にて

白谷　玲花

詩・白谷《しらたに》　玲花《れいか》（本名　白谷　明美）
1940年　生まれ
1960年　福岡学芸大学修了
1966年　玉川大学文学部教育科（通信教育課程）卒業
1960年～2000年　みやま市、柳川市小学校勤務
2000年～2005年　筑後市教育研究所指導員
2005年～2009年　九州産業大学非常勤講師
著書　「詩の指導～鑑賞と創作～」（共著・光村図書出版株式会社）
「新しい詩の創作指導」（共著・明治図書）
「子ども・詩の国探検」（教育出版センター）
「詩の国は白い馬にのって」「詩が生まれるとき　書けるとき」
「柳川白秋めぐりの詩」
絵本「こうえんのパックンおばけちゃん」（ともに銀の鈴社）
住所　福岡県柳川市在住

絵・牧野《まきの》　鈴子《すずこ》
1951年熊本市に生まれる。

1979年サンリオ美術賞受賞。

1983年「森のクリスマスツリー」でボローニャ国際児童図書展エルバ賞推奨。

1984年「おはいんなさいえりまきに」でサンケイ児童出版文化賞受賞。

絵本や童話、詩集などの挿絵の仕事の他、個展や企画展などにむけて独自の制作を続けている。

その他、主な作品に「おやゆびひめ」（世界文化社）、「クッキーとコースケ」（小峰書店）、「黒ばらさんの魔法の旅だち」（偕成社）、「お花見」、「小鳥のしらせ」、「はこちゃんのおひなさま」、「さくらはおよぐ？」（ともに銀の鈴社）など。

NDC911
神奈川　銀の鈴社　2021
116頁　21cm（母さんのシャボン玉）

ジュニアポエムシリーズ　299　2021年6月6日初版発行
本体1,600円＋税

母さんのシャボン玉

著　者　白谷玲花©　絵・牧野鈴子©
発行者　西野大介
編集発行　㈱銀の鈴社　TEL 0467-61-1930　FAX 0467-61-1931
〒248-0017 神奈川県鎌倉市佐助1-18-21 万葉野の花庵
https://www.ginsuzu.com
E-mail info@ginsuzu.com

ISBN978－4－86618－110－3 C8092　印刷　電算印刷
落丁・乱丁本はお取り替え致します　製本　渋谷文泉閣

…ジュニアポエムシリーズ…

1 鈴木敏史詩集・宮下琢郎・絵　星の美しい村　★☆
2 小池知子詩集・高志孝子・絵　おにわいっぱいぼくのなまえ　★☆
3 鶴岡千代子詩集・武田淑子・絵　白い虹　児文芸新人賞
4 楠木しげお詩集・久保雅勇・絵　カワウソの帽子
5 津坂治男詩集・垣内美穂・絵　大きくなったら　★◇
6 後藤れい子詩集・山本まつ子・絵　あくたれぼうずのかぞえうた
7 北村蔦子詩集・柿本幸造・絵　あかちんらくがき
8 吉田瑞穂詩集・吉田翠・絵　しおまねきと少年　⌺★◎
9 新川和江詩集・葉祥明・絵　野のまつり　★☆
10 阪田寛夫詩集・織茂恭子・絵　夕方のにおい　◈★☆○
11 高田敏子詩集・若山憲・絵　枯れ葉と星　★☆
12 原田直友詩集・吉田翠・絵　スイッチョの歌　★◎
13 小林純一詩集・久保雅勇・絵　茂作じいさん　◉★☆♪◎
14 谷川俊太郎詩集・長新太・絵　地球へのピクニック　★◎◇
15 与田準一詩集・深沢省三・深沢紅子・絵　ゆめみることば　★
16 岸田衿子詩集・中谷千代子・絵　だれもいそがない村
17 江間章子詩集・榊原直美・絵　水と風　◇◎
18 原田直友詩集・小野まり・絵　虹―村の風景―　★
19 福田正夫詩集・福田達夫・絵　星の輝く海　★☆
20 草野心平詩集・長野ヒデ子・絵　げんげと蛙　★☆○◇
21 宮田滋子詩集・青木まさる・絵　手紙のおうち　☆○
22 久保田昭三詩集・斎藤彬子・絵　のはらでさきたい
23 鶴岡千代子詩集・加倉井和夫・武田淑子・絵　白いクジャク　★♪
24 尾上尚子詩集・まど・みちお・絵　そらいろのビー玉　児文協新人賞　★☆
25 水上紅詩集・深沢紅子・絵　私のすばる　☆
26 野呂昶詩集・福島一二三・絵　おとのかだん　★
27 こやま峰子詩集・武田淑子・絵　さんかくじょうぎ　☆
28 青戸かいち詩集・駒宮録郎・絵　ぞうの子だって
29 まきたかし詩集・福田達夫・絵　いつか君の花咲くとき　★☆♡
30 薩摩忠詩集・駒宮録郎・絵　まっかな秋　★☆♡
31 新川和江詩集・福島一二三・絵　ヤァ！ヤナギの木　★☆○♡
32 井上靖詩集・駒宮録郎・絵　シリア沙漠の少年　★☆♡
33 古村徹三詩・絵　笑いの神さま
34 江上波夫詩集・青空風太郎・絵　ミスター人類　○☆
35 秋原秀夫詩集・鈴木義治・絵　風の記憶　★◎
36 水村三千夫詩集・武田淑子・絵　鳩を飛ばす
37 久冨純江詩集・渡辺安芸夫・絵　風車　クッキングポエム
38 日野生三詩集・吉野晃希男・絵　雲のスフィンクス　★
39 佐藤雅子詩集・佐藤太清・広瀬きよみ・絵　五月の風　★
40 小黒恵子詩集・武田淑子・絵　モンキーパズル　★
41 木村信子詩集・山本典子・絵　でていった
42 中野栄子詩集・吉田翠・絵　風のうた　☆
43 宮田滋子詩集・牧村慶子・絵　絵をかく夕日　★
44 大久保テイ子詩集・渡辺安芸夫・絵　はたけの詩　★☆
45 秋原秀夫詩集・赤星亮衛・絵　ちいさなともだち　♥

☆日本図書館協会選定（2015年度で終了）　♪日本童謡賞　♧岡山県選定図書　◇岩手県選定図書
★全国学校図書館協議会選定（SLA）　♡日本子どもの本研究会選定　◆京都府選定図書
□少年詩賞　■茨城県すいせん図書　♥秋田県選定図書　⌺芸術選奨文部大臣賞
○厚生省中央児童福祉審議会すいせん図書　♣愛媛県教育会すいせん図書　◉赤い鳥文学賞　◈赤い靴賞

…ジュニアポエムシリーズ…

- 46 日友靖子詩集 藤城清治・絵 安西明美・絵 猫曜日だから ◆☆
- 47 秋葉てる代詩集 武田淑子・絵 ハープムーンの夜に ♡
- 48 こやま峰子詩集 山本省三・絵 はじめのいーっぽ ★♡
- 49 黒柳啓子詩集 金子滋・絵 砂かけ狐 ♡
- 50 三枝ますみ詩集 武田淑子・絵 ピカソの絵 ☆♡♪
- 51 夢虹二詩集 武田淑子・絵 とんぼの中にぼくがいる ♡○♥
- 52 はたちよしこ詩集 まど・みちお・絵 レモンの車輪 □♧
- 53 大岡信詩集 葉祥明・絵 朝の頌歌 ★☆♡♥◎
- 54 吉田瑞穂詩集 吉田翠・絵 オホーツク海の月 ★☆♡
- 55 さとう恭子詩集 村上保・絵 銀のしぶき ★☆♡
- 56 星乃ミミナ詩集 葉祥明・絵 星空の旅人 ★☆♡
- 57 葉祥明詩・絵 ありがとう そよ風 ★♡▲
- 58 青戸かいち詩集 初山滋・絵 双葉と風
- 59 小野ルミ詩集 和田誠・絵 ゆきふるるん ★☆♪♡
- 60 なぐもはるき詩・絵 たったひとりの読者 ★♡♧
- 61 小関秀夫詩集 小倉玲子・絵 風《かざ》栞《しおり》 ★♡♥
- 62 海沼松世詩集 守下さおり・絵 かげろうのなか ☆♡
- 63 山本龍生詩集 小倉玲子・絵 春行き一番列車 ♡
- 64 小泉周二詩集 深沢省三・絵 こもりうた ★☆♡
- 65 かわてせいぞう詩集 若山憲・絵 野原のなかで ♡★♥
- 66 えぐちまき詩集 赤星亮衛・絵 ぞうのかばん ♡◆♥
- 67 池田あきつ詩集 小倉玲子・絵 天気雨 ♡
- 68 藤井則行詩集 君島美知子・絵 友へ ♡♤
- 69 藤哲生詩集 武田淑子・絵 秋いっぱい ★♠
- 70 日友靖子詩集 深沢紅子・絵 花天使を見ましたか ★
- 71 吉田瑞穂詩集 吉田翠・絵 はるおのかきの木 ★
- 72 小島禄琅詩集 中村陽子・絵 海を越えた蝶 ☆★♥♡
- 73 にしおまさこ詩集 杉田幸子・絵 あひるの子 ★
- 74 山下竹二詩集 徳田徳志芸・絵 レモンの木 ★
- 75 高崎乃理子詩集 奥山英俊・絵 おかあさんの庭 ★♡
- 76 檜きみこ詩集 広瀬弦・絵 しっぽいっぽん ★♪□☆♡
- 77 たかはしけいこ詩集 高田三郎・絵 おかあさんのにおい ♡♣□
- 78 星乃ミミナ詩集 深澤邦朗・絵 花かんむり ♥☆♡
- 79 佐藤照雄詩集 津波信久・絵 沖縄 風と少年 ☆♡★
- 80 相馬梅子詩集 やなせたかし・絵 真珠のように ♥★
- 81 小島禄琅詩集 深沢紅子・絵 地球がすきだ ★
- 82 鈴木美智子詩集 黒澤梧郎・絵 龍のとぶ村 ◇★♥
- 83 いがらしれいこ詩集 高田三郎・絵 小さなてのひら ☆
- 84 宮入黎子詩集 小倉玲子・絵 春のトランペット ☆★
- 85 下田喜久美詩集 方振寧・絵 ルビーの空気をすいました ☆
- 86 野呂昶詩集 方振寧・絵 銀の矢ふれふれ ★
- 87 ちよはらまちこ詩集 ちよはらまちこ・絵 パリパリサラダ ★
- 88 秋原秀夫詩集 徳田徳志芸・絵 地球のうた ☆★
- 89 中島あやこ詩集 井上緑・絵 もうひとつの部屋 ★
- 90 藤川こうのすけ詩集 葉祥明・絵 こころインデックス ☆

✻サトウハチロー賞
☼三木露風賞
♤福井県すいせん図書
▲神奈川県児童福祉審議会推薦優良図書
♠奈良県教育研究会すいせん図書
♧北海道選定図書
♢静岡県すいせん図書
◎学校図書館図書整備協会選定図書（SLBA）
✣毎日童謡賞
㊝三越左千夫少年詩賞

…ジュニアポエムシリーズ…

△長野県教育委員会すいせん図書　☆(財)日本動物愛護協会推薦図書
◈茨城県推奨図書　●児童ペン賞

…ジュニアポエムシリーズ…

- 136 秋葉てる代詩集 やなせたかし・絵 おかしのすきな魔法使い ♪★
- 137 青戸かいち詩集 永田萠・絵 小さなさようなら ❀★
- 138 柏木恵美子詩集 高田三郎・絵 雨のシロホン ♡★
- 139 藤井則行詩集 阿見みどり・絵 春だから ♡★◎
- 140 黒田勲子詩集 山中冬児・絵 いのちのみちを
- 141 南郷芳明詩集 的場豊子・絵 花時計
- 142 やなせたかし 詩・絵 生きているってふしぎだな
- 143 内田麟太郎詩集 斎藤隆夫・絵 うみがわらっている
- 144 しまざきふみ詩集 島崎奈緒・絵 こねこのゆめ ♡
- 145 糸永えつこ詩集 武井武雄・絵 ふしぎの部屋から ♡
- 146 石坂きみこ詩集 鈴木英二・絵 風の中へ ♡
- 147 坂本のこ詩集 坂本こう・絵 ぼくの居場所 ♡
- 148 島村木綿子 詩・絵 森のたまご ❀
- 149 楠木しげお詩集 わたせせいぞう・絵 まみちゃんのネコ ★
- 150 牛尾良子詩集 上矢津・絵 おかあさんの気持ち ♡
- 151 三越左千夫詩集 阿見みどり・絵 せかいでいちばん大きなかがみ ★
- 152 水村三千夫詩集 高見八重子・絵 月と子ねずみ
- 153 川越文子詩集 横松桃子・絵 ぼくの一歩ふしぎだね ★
- 154 すずきゆかり詩集 葉祥明・絵 まっすぐ空へ
- 155 西田純詩集 葉祥明・絵 木の声 水の声
- 156 清野倭文子詩集 水科舞・絵 ちいさな秘密《ひみつ》
- 157 川奈静詩集 直江みちる・絵 浜ひるがおはパラボラアンテナ ★◎
- 158 若木良水詩集 西真里子・絵 光と風の中で
- 159 牧陽子詩集 渡辺あきお・絵 ねこの詩 ★◎
- 160 宮田滋子詩集 阿見みどり・絵 愛一輪 ★◎
- 161 井上灯美子詩集 唐沢静・絵 ことばのくさり ☆♪
- 162 滝波万理子詩集 滝波裕子・絵 みんな王様《おうさま》 ★♪
- 163 冨岡みち詩集 関口コオ・絵 かぞえられへん せんぞさん ★
- 164 垣内磯子詩集 辻恵子・切り絵 緑色のライオン ★◎
- 165 すぎもとれいこ詩集 平井辰夫・絵 ちょっといいことあったとき ★
- 166 岡田喜代子詩集 おぐらひろかず・絵 千年の音 ★☆◎
- 167 川奈静詩集 直江みちる・絵 ひもの屋さんの空 ★◎☆♥♡
- 168 鶴岡千代子詩集 武田淑子・絵 白い花火 ★☆
- 169 井上灯美子詩集 唐沢静・絵 ちいさい空をノックノック ★◎☆
- 170 尾崎杏子詩集 ひなた山すじゅう郎・絵 海辺のほいくえん ☆♡★◎
- 171 柘植愛子詩集 やなせたかし・絵 たんぽぽ線路 ☆♡★◎♪
- 172 小林比呂古詩集 うめざわのりお・絵 横須賀スケッチ ☆★◎♡▲
- 173 林佐知子詩集 串田敦子・絵 きょうという日 ☆★◎♡▲
- 174 後藤基宗子詩集 岡澤由紀子・絵 風とあくしゅ ☆♥★◎♡
- 175 土屋律子詩集 高瀬のぶえ・絵 るすばんカレー ☆♡★◎▲
- 176 三輪アイ子詩集 深沢邦朗・絵 かたぐるましてよ ★☆♡
- 177 田辺瑞美子詩集 西真里子・絵 地球賛歌 ☆★◎
- 178 髙瀬美代子詩集 小倉玲子・絵 オカリナを吹く少女 ☆♡
- 179 中野惠子詩集 串田敦子・絵 コロポックルでておいで ★♡☆♪
- 180 松井節子詩集 阿見みどり・絵 風が遊びにきている ★☆♡▲

…ジュニアポエムシリーズ…

…ジュニアポエムシリーズ…

226 おばらいちこ詩集 高見八重子・絵 ぞうのジャンボ ☆★♡
227 吉田房子詩集 本田あまね・絵 まわしてみたい石臼 ★♡
228 吉田房子詩集 阿見みどり・絵 花 詩 集 ★♡◎
229 田中たみ子詩集 唐沢静・絵 へこたれんよ ★◎
230 林佐知子詩集 串田敦子・絵 この空につながる ★♡
231 藤本美智子 詩・絵 心のふうせん ★♡
232 火星雅範詩集 西川律子・絵 ささぶねうかべたよ ★♡▲
233 吉田房子詩集 岸田歌子・絵 ゆりかごのうた ★♡
234 むらかみみちこ詩集 むらかみみちこ むらかみあくる・絵 風のゆうびんやさん ★♡
235 白谷玲花詩集 阿見みどり・絵 柳川白秋めぐりの詩 ★♡
236 ほさかとしこ詩集 内山つとむ・絵 神さまと小鳥 ★☆♡
237 内田麟太郎詩集 長野ヒデ子・絵 まぜごはん ☆★◎♡▲
238 小林比呂古詩集 出口雄大・絵 きりりと一直線 ♡★
239 牛尾良子詩集 おぐらひろかず・絵 うしの土鈴とうさぎの土鈴 ★◎♡
240 山本純子詩集 ルイコ・絵 ふ ふ ふ ★♡☆◎

241 神田亮 詩・絵 天使の翼 ★☆♡
242 かんざわみえ詩集 阿見みどり・絵 子供の心大人の心さ迷いながら ☆★◎▲
243 永田喜久男詩集 内山つとむ・絵 つながっていく ★☆♡
244 浜野木碧 詩・絵 海原散歩 ☆★◎♡
245 やまうち・しゅうへい詩集 山本省三・絵 風のおくりもの ☆★◎♡
246 すぎもとれいこ 詩・絵 てんきになあれ ★◎
247 冨岡みち詩集 加藤真夢・絵 地球は家族 ひとつだよ ♡☆◎★
248 北野千賀詩集 滝波裕子・絵 花束のように ♡☆★◎
249 石原一輝詩集 加藤真夢・絵 ぼくらのうた ♡★◎
250 土屋律子詩集 高瀬のぶえ・絵 まほうのくつ ♡☆★◎▲
251 津坂治男詩集 井上良子・絵 白い太陽 ☆♡★◎
252 石井英行詩集 よしだちなつ・表紙絵 野原くん ☆★♡◎▲
253 井上灯美子詩集 唐沢静・絵 たからもの ☆♡★
254 大竹典子詩集 加藤真夢・絵 おたんじょう ☆★
255 たかはしけいこ詩集 織茂恭子・絵 流れ星 ★♡

256 谷川俊太郎詩集 下田昌克・絵 そして ♡★◎
257 なんば・みちこ詩集 布下満・絵 トックントックン 大空で大地で ★◎
258 宮本美智子詩集 阿見みどり・絵 夢の中に そっと ★◎♡
259 成本和子詩集 阿見みどり・絵 天使の梯子 ★◎
260 海野文音詩集 牧野鈴子・絵 ナンドデモ ★♡
261 熊谷本郷詩集 永田萠・絵 かあさん かあさん ★♡
262 大楠翠詩集 吉野晃希男・絵 おにいちゃんの紙飛行機 ★♡♪
263 久保恵子詩集 たかせちなつ・絵 わたしの心は 風に舞う ★♡
264 みずかみさやか詩集 葉祥明・絵 五月の空のように ★♡
265 尾崎昭代詩集 中辻アヤ子・絵 たんぽぽの日 ★
266 はやしゆみ詩集 渡辺あきお・絵 わたしはきっと小鳥 ★
267 田沢節子詩集 永田萠・絵 わき水ぷっくん △★♡
268 柘植愛子詩集 そねはらまさえ・絵 赤いながぐつ ★♡
269 馬場与志子詩集 日向山寿十郎・絵 ジャンケンポンでかくれんぼ ♡★
270 内田麟太郎詩集 高畠純・絵 たぬきのたまご ★●♡

…ジュニアポエムシリーズ…

＊刊行の順番はシリーズ番号と異なる場合があります。

ジュニアポエムシリーズは、子どもにもわかる言葉で真実の世界をうたう個人詩集のシリーズです。

本シリーズからは、毎回多くの作品が教科書等の掲載詩に選ばれており、1974年以来、全国の小・中学校の図書館や公共図書館等で、長く、広く、読み継がれています。

心を育むポエムの世界。

一人でも多くの子どもや大人に豊かなポエムの世界が届くよう、ジュニアポエムシリーズはこれからも小さな灯をともし続けて参ります。

銀の小箱シリーズ
A5変型

- 葉 祥明 詩・絵　小さな庭
- 若山 憲 詩・絵　白い煙突
- こばやしひろこ・詩 うめざわのりお・絵　みんななかよし
- 江口 正子・詩 油野 誠一・絵　みてみたい
- やなせたかし 詩・絵　あこがれよなかよくしよう
- 冨岡 みち・詩 関口 コオ・絵　ないしょやで
- 小林比呂古・詩 神谷 健雄・絵　花かたみ
- 小泉 周二・詩 辻 友紀子・絵　誕生日・おめでとう
- 柏原 耿子・詩 阿見みどり・絵　アハハ・ウフフ・オホホ★♡▲
- こばやしひろこ・詩 うめざわのりお・絵　ジャムパンみたいなお月さま★▲

新企画　オールカラー・A6判

小さな詩の絵本

- 内田麟太郎・詩 たかすかずみ・絵　いっしょに

すずのねえほん
B6判

- たかはしけいこ・詩 中釜浩一郎・絵　わたし★◎
- 尾上 尚子・詩 小倉 玲子・絵　ぽわぽわん
- 糸永えつこ・詩 高見八重子・絵　はるなつあきふゆもうひとつ★ 児文芸新人賞
- 山口 敦子・詩 高橋 宏幸・絵　ばあばとあそぼう
- あらい・まさはる・童謡 しのはらはれみ・絵　けさいちばんのおはようさん
- 佐藤 雅子・詩 佐藤 太清・絵　こもりうたのように 美しい日本の12ヵ月 日本童謡賞
- 柏木 隆雄・詩 やなせたかし他・絵　かんさつ日記★♪♡

文庫サイズ・A6判

銀の鈴文庫

- 小沢 千恵・詩 下田 昌克・絵　あのこ♡▲

アンソロジー
A5判

- 渡辺 浦人・編 村上 保・絵　赤い鳥 青い鳥
- わたげの会・編 渡辺あきお・絵　花ひらく♪
- 木曜会・編 西 真里子・絵　いまも星はでている★
- 木曜会・編 西 真里子・絵　いったりきたり♡
- 木曜会・編 西 真里子・絵　宇宙からのメッセージ
- 木曜会・編 西 真里子・絵　地球のキャッチボール★◎
- 木曜会・編 西 真里子・絵　おにぎりとんがった☆★◎
- 木曜会・編 西 真里子・絵　みいーつけた♡★◎
- 木曜会・編 西 真里子・絵　ドキドキがとまらない
- 木曜会・編 西 真里子・絵　神さまのお通り★
- 木曜会・編 西 真里子・絵　公園の日だまりで★♡
- 木曜会・編 西 真里子・絵　ねこがのびをする♡★

掌の本 アンソロジー
A7判

- こころの詩Ⅰ
- しぜんの詩Ⅰ
- いのちの詩Ⅰ
- ありがとうの詩Ⅰ
- 詩集 希望
- 詩集 家族
- いのちの詩集―いきものと野菜
- ことばの詩集―方言と手紙
- 詩集―夢・おめでとう
- 詩集―ふるさと・旅立ち

掌の本
A7判

- 森埜こみち・詩 下田 昌克・絵　こんなときは！